Impressum
Verlag: BABADADA GmbH, Nedderfeld 112 , 22529 Hamburg
Geschäftsführer / Verlagsleitung: Harald Hof
Druck: Books on Demand GmbH, In de Tarpen 42, 22848 Norderstedt

Imprint
Publisher: BABADADA GmbH, Nedderfeld 112 , 22529 Hamburg, Germany
Managing Director / Publishing direction: Harald Hof
Print: Books on Demand GmbH, In de Tarpen 42, 22848 Norderstedt, Germany

School

škola

Klassenstuuv
trieda

delen
deliť

186/2

Tafel
tabuľa

Schoolhoff
školský dvor

Schoolmeester
učiteľ

Papeer
papier

schrieven
písať

Sticken
pero

Schrievdisch
písací stôl

Lienholt
pravítko

Book
kniha

Schöler
žiak

Ranzel

školská taška

Feddermapp

peračník

Bleesticken

ceruza

Scharpmaker

strúhadlo na ceruzky

Radeergummi

guma

Tekenblock

skicár

Teken
kresba

Pinsel
štetec

Malkassen
vodové farby

Scheer
nožnice

Klever
lepidlo

Heft to'n Öven
cvičný zošit

Huusopgaav
domáca úloha

Tall
číslo

Malkassen

tohooptellen
sčítať

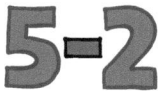

aftrecken
odčítať

malnehmen
násobiť

reken
počítať

Bookstaav
písmeno

ABC
abeceda

Woort
slovo

Text

text

lesen

čítať

Kried

krieda

Stunn

hodina

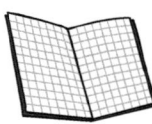

Klassenbook

triedna kniha

Pröven

skúška

Tüügnis

certifikát

Schooluniform

školská uniforma

Utbillen

vzdelanie

Nakieksel

encyklopédia

Universität

univerzita

Mikroskop

mikroskop

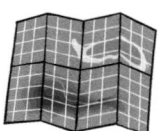

Koort

mapa

Papeerkorf

kôš na papier

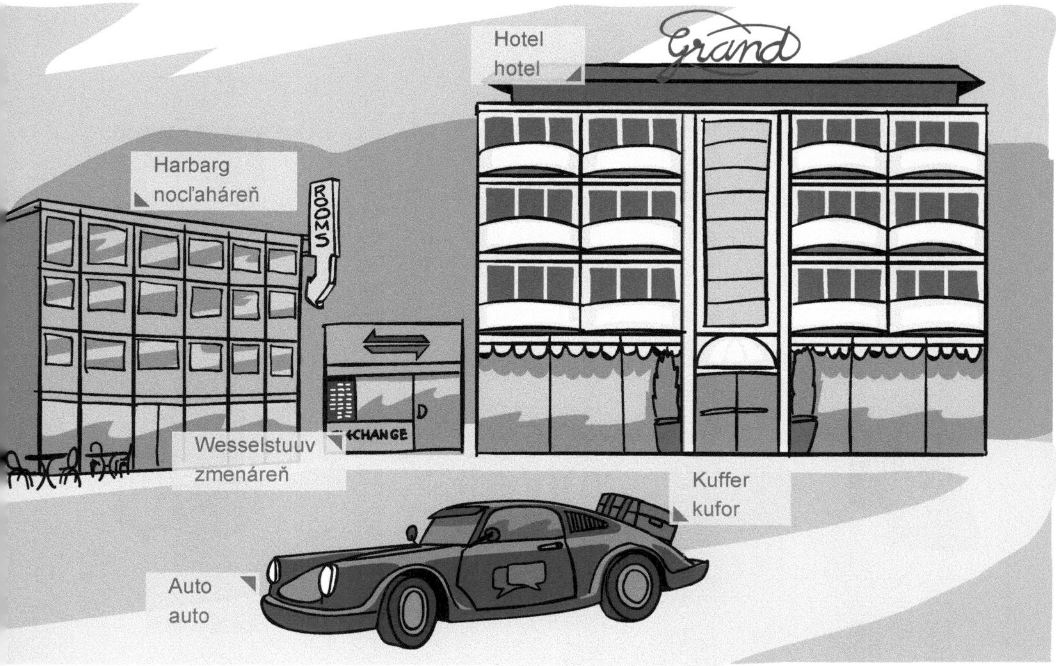
Hotel
hotel
Grand
Harbarg
nocľaháreň
ROOMS
EXCHANGE
Wesselstuuv
zmenáreň
Kuffer
kufor
Auto
auto

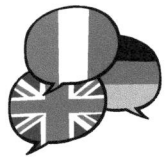

Spraak
jazyk

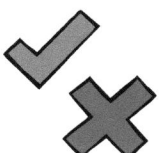

jo / ne
áno/nie

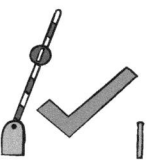

Jo
v poriadku

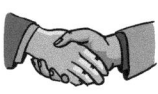

Moin
ahoj

Översetter
prekladateľ

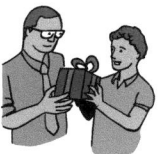

Dank ok
ďakujem

Wat kost...?

Koľko stojí ... ?

Ik verstah nich

Nerozumiem

Problem

problém

Goden Avend

Dobrý večer!

Moin!

Dobré ráno!

Gode Nacht!

Dobrú noc!

Tschüüs

Dovidenia

Richt

smer

Bagaasch

batožina

Tasch

taška

Rüchsack

batoh

Gast

hosť

Stuuv

izba

Slaapsack

spacák

Telt

stan

Touristeninformatschoon

informácie pre turistov

Strand

pláž

Kreditkoort

kreditná karta

Fröhstück

raňajky

Meddageten

obed

Avendeten

večera

Fohrkort

cestovný lístok

Fohrstohl

výťah

Breefmark

poštová známka

Grenz

hranica

Toll

clo

Bottschop

veľvyslanectvo

Visum

vízum

Pass

cestovný pas

Transport
doprava

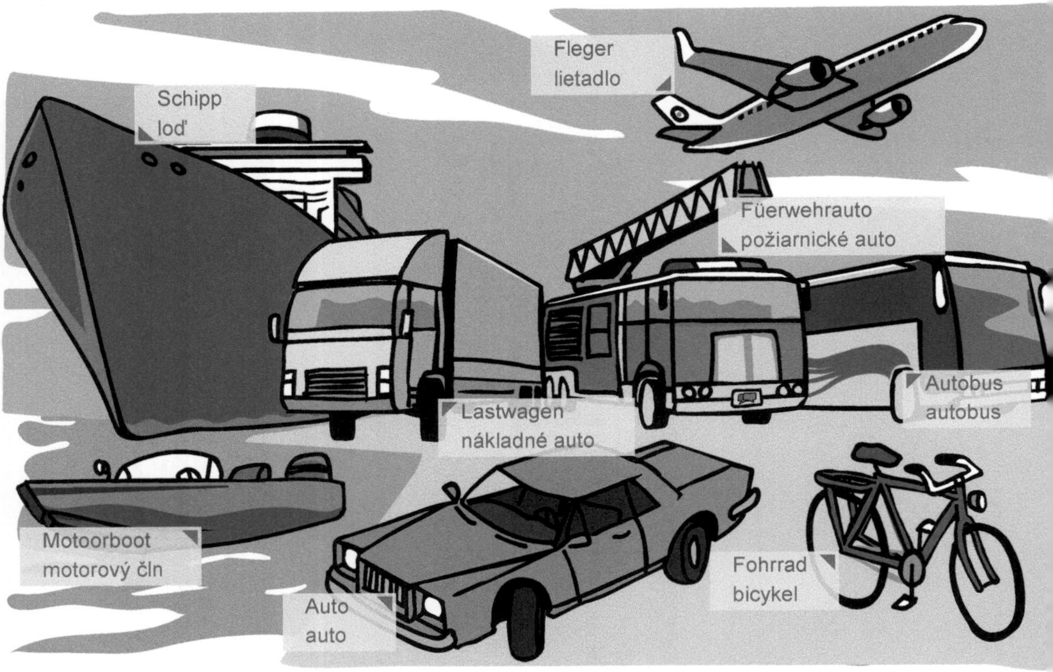

Fleger
lietadlo
Schipp
loď
Füerwehrauto
požiarnické auto
Autobus
autobus
Lastwagen
nákladné auto
Motoorboot
motorový čln
Fohrrad
bicykel
Auto
auto

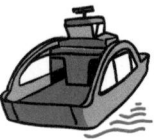

Fähr

trajekt

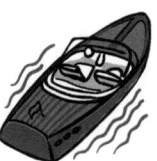

Boot

loď

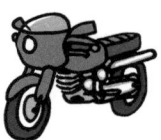

Motoorrad

motorka

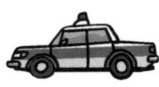

Polizeiauto

policajné auto

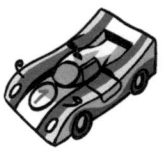

Rönnauto

pretekárske auto

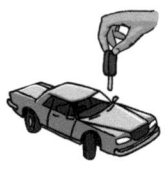

Lehnwagen

vozidlo z požičovne

Carsharing

carsharing

Afsleepwagen

odťahové auto

Müllauto

smetiarske auto

Motoor

motor

Kraftstoff

benzín

Tanksteed

čerpacia stanica

Verkehrsschild

dopravná značka

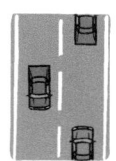

Verkehr

premávka

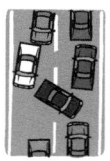

Stau

zápcha

Afstellplatz

parkovisko

Bahnhoff

vlaková stanica

Sporen

trate

Tog

vlak

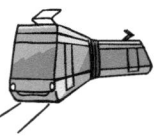

Stratenbahn

električka

Wagon

vagón

Dwarsmöhl

helikoptéra

Flooghaven

letisko

Tower

veža

Fohrgast

pasažier

Grootkist

kontajner

Karton

kartón

Koor

vozík

Korf

kôš

starten / lannen

štartovať / pristáť

Stadt
mesto

Dörp

dedina

Binnenstadt

centrum mesta

Huus

dom

Kino
kino

Warf
reklama

Stratenlatücht
pouličná lampa

CINEMA

Straat
ulica

Taxi
taxík

Footgänger
chodec

Kiosk
stánok

Börgerstieg
chodník

Krüzen
križovatka

Zebrastriepen
prechod pre chodcov

Mülltunn
kontajner

Wessellücht
semafór

Hütt

chata

Wahnung

byt

Bahnhoff

vlaková stanica

Raathuus

radnica

Museum

múzeum

School

škola

Universität

univerzita

Bank

banka

Krankenhuus

nemocnica

Hotel

hotel

Afteek

lekáreň

Büro

kancelária

Bookhökerie

kníhkupectvo

Hökerie

obchod

Blomenhökerie

kvetinárstvo

Supermarkt

supermarket

Markt

trh

Koophuus

obchodný dom

Fischhökerie

obchodník s rybami

Inkoopszentrum

nákupné stredisko

Haven

prístav

Parkanlaag

park

Bank

lavička

Brüch

most

Trepp

schody

Ünnergrundbahn

metro

Tunnel

tunel

Busstoppsteed

autobusová zastávka

Bar

bar

Spieslokal

reštaurácia

Breefkassen

poštová schránka

Stratenschild

tabuľa s názvom ulice

Parkklock

parkovacie hodiny

Deertenpark

ZOO

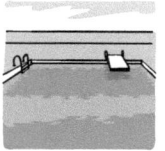

Baadanstalt

plaváreň

Moschee

mešita

Buernhoff

farma

Ümweltversmudden

znečisťovanie životného prostredia

Karkhoff

cintorín

Kark

kostol

Speelplatz

ihrisko

Tempel

chrám

Landschop

terén

Blatt
list

Wiespahl
smerová tabuľa

Weg
cesta

Wisch
lúka

Steen
kameň

Boom
strom

Wannerer
turista

Fluss
rieka

Gras
tráva

Bloom
kvet

Daal

dolina

Barg

kopec

See

jazero

Holt

les

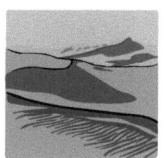

Wööst

púšť

Füerspien Barg

vulkán

Slott

zámok

Regenbagen

dúha

Poggenstohl

hríb

Palm

palma

Steekmück

komár

Fleeg

mucha

Miegeemk

mravec

Imm

včela

Spinn

pavúk

Sebber

chrobák

Pogg

žaba

Katteker

veverička

Swienegel

jež

Haas

zajac

Uul

sova

Vagel

vták

Swaan

labuť

Wildswien

diviak

Hirsch

jeleň

Elk

los

Staudamm

hrádza

Windrad

veterná turbína

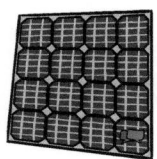

Solarmodul

solárny panel

Klima

podnebie

Spieslokal
reštaurácia

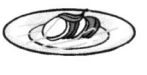

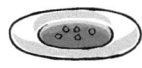

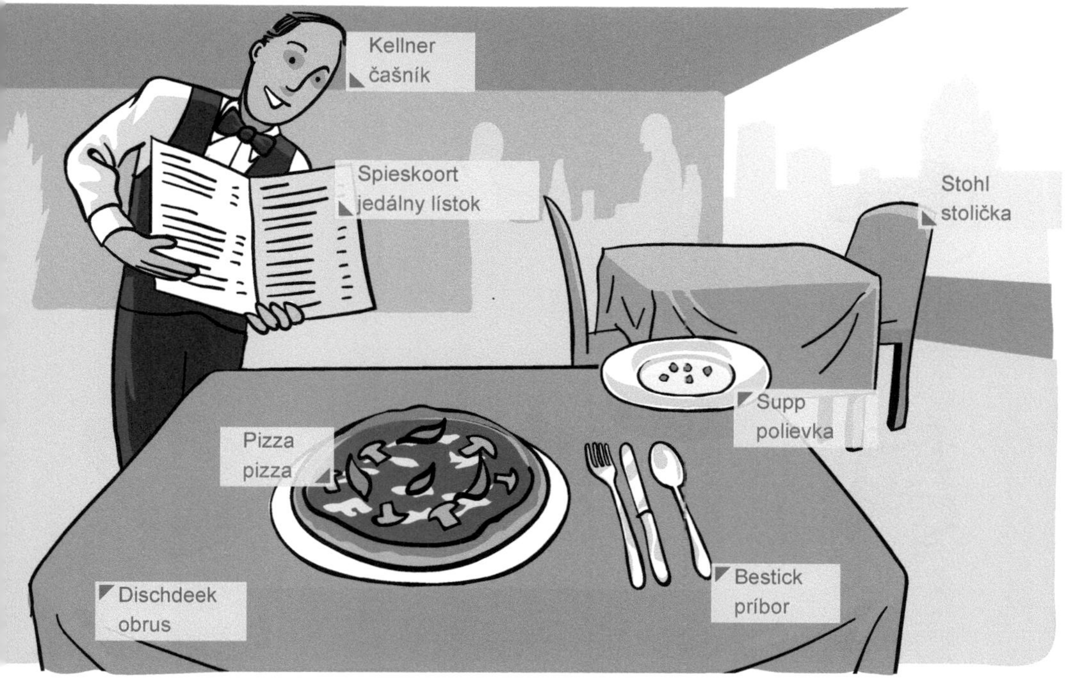
Kellner
čašník
Spieskoort
jedálny lístok
Stohl
stolička
Supp
polievka
Pizza
pizza
Dischdeek
obrus
Bestick
príbor

Vörspies
predjedlo

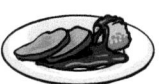

Haupteten
hlavné jedlo

Nadisch
zákusok

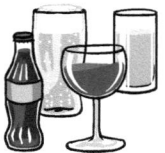

Drünk
nápoje

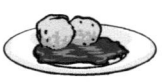

Eten
jedlo

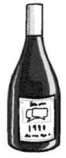

Buddel
fľaša

Fastfood

fast-food

Strateneten

street food

Teekann

kanvica na čaj

Zuckerdoos

cukornička

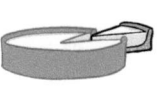

Portschoon

porcia

Espressomaschien

stroj na espresso

Hoochstohl

detská stolička

Reken

účet

Tablett

podnos

Mess

nôž

Gavel

vidlička

Lepel

lyžica

Teelepel

čajová lyžička

Munddook

obrúsok

Glas

pohár

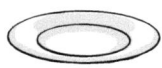

Töller

tanier

Suppentöller

hlboký tanier

Ünnertass

podšálka

Sooß

omáčka

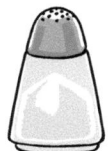

Soltstreuer

soľnička

Pepermöhl

mlynček na korenie

Etig

ocot

Ööl

olej

Krüder

korenie

Ketchup

kečup

Mostrich

horčica

Mayonnaise

majonéza

Supermarkt
supermarket

Anbott
špeciálna ponuka
FOR
Kunn
klient
Melkprodukten
mliečne výrobky
Aaft
ovocie
Inkoopswagen
nákupný vozík

BUTCHERS

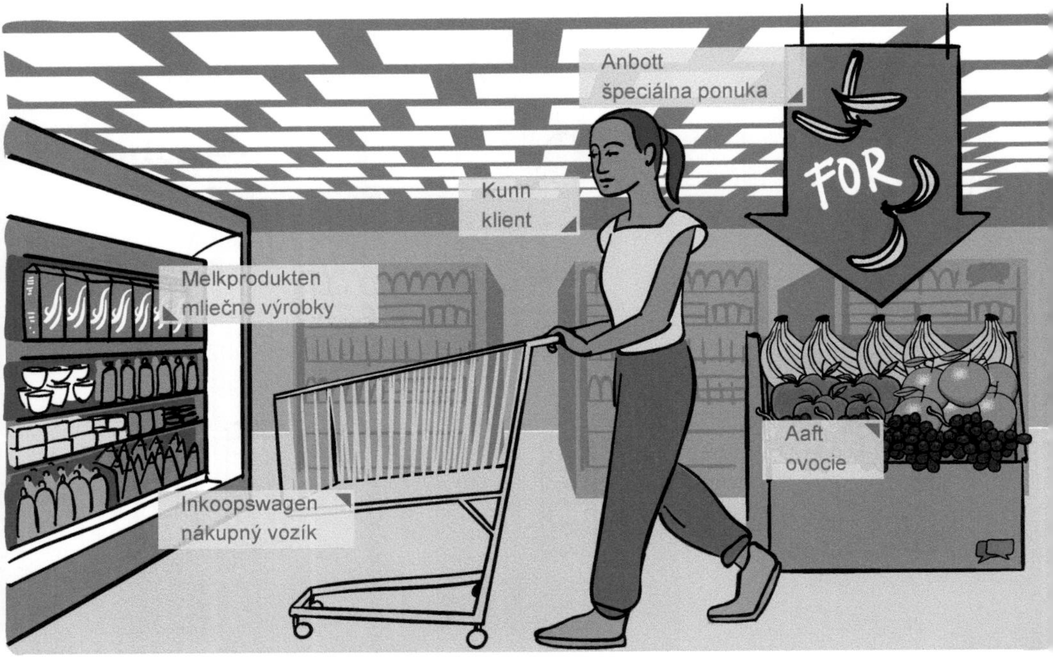

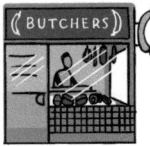

Slachterie

mäsiarstvo

BAKERY

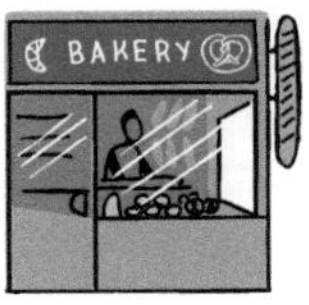

Bäckerie

pekáreň

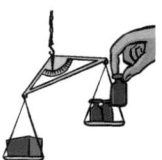

wegen

vážiť

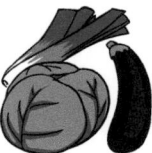

Gröönsaken

zelenina

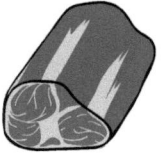

Fleesch

mäso

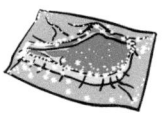

Deepköhlkost

mrazené potraviny

Opsnitt

nárez

Konserven

konzervy

Waschmiddel

prací prostriedok

Snoopkraam

sladkosti

Huushooltssaken

domáce potreby

Reinmaaktüüch

čistiace prostriedky

Verköpersche

predavačka

Kass

pokladňa

Kasserer

pokladník

Inkoopslist

nákupný zoznam

Opsparrtieden

otváracie hodiny

Breeftasch

peňaženka

Kreditkoort

kreditná karta

Tasch

taška

Plastiktüüt

plastové vrecko

Water

voda

Saft

džús

Melk

mlieko

Cola

kola

Wien

víno

Beer

pivo

Spriet

alkohol

Kakao

kakao

Tee

čaj

Koffie

káva

Espresso

espresso

Cappucino

kapučíno

Banaan

banán

Appel

jablko

Appelsien

pomaranč

Meloon

melón

Zitroon

citrón

Wöttel

mrkva

Knuuvlook

cesnak

Bambus

bambus

Zibbel

cibuľa

Poggenstohl

hríb

Nööt

orechy

Nudeln

rezance

Spaghetti

špagety

Ries

ryža

Salat

šalát

Pommes frites

hranolky

Braadkantüffeln

pečené zemiaky

Pizza

pizza

Hamborger

hamburger

Sandwich

obložený chlebík

Snitzel

rezeň

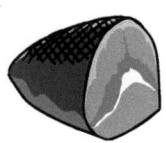

Schinken

šunka

Salami

saláma

Wust

klobása

Hohn

kurča

Braden

pečené mäso

Fisch

ryba

Haverflocken	Müsli	Cornflakes
ovsené vločky	müsli	kukuričné lupienky

Mehl	Croissant	Rundstück
múka	croissant	pečivo

Broot	Toast	Keksen
chlieb	hrianka	sušienky

Botter	Quark	Koken
maslo	tvaroh	koláč

Ei	Spegelei	Kees
vajce	volské oko	syr

les
....
zmrzlina

Zucker
....
cukor

Honnig
....
med

Marmelaad
....
lekvár

Nougat-Creme
....
nugátová nátierka

Curry
....
karí korenie

Buernhoff
farma

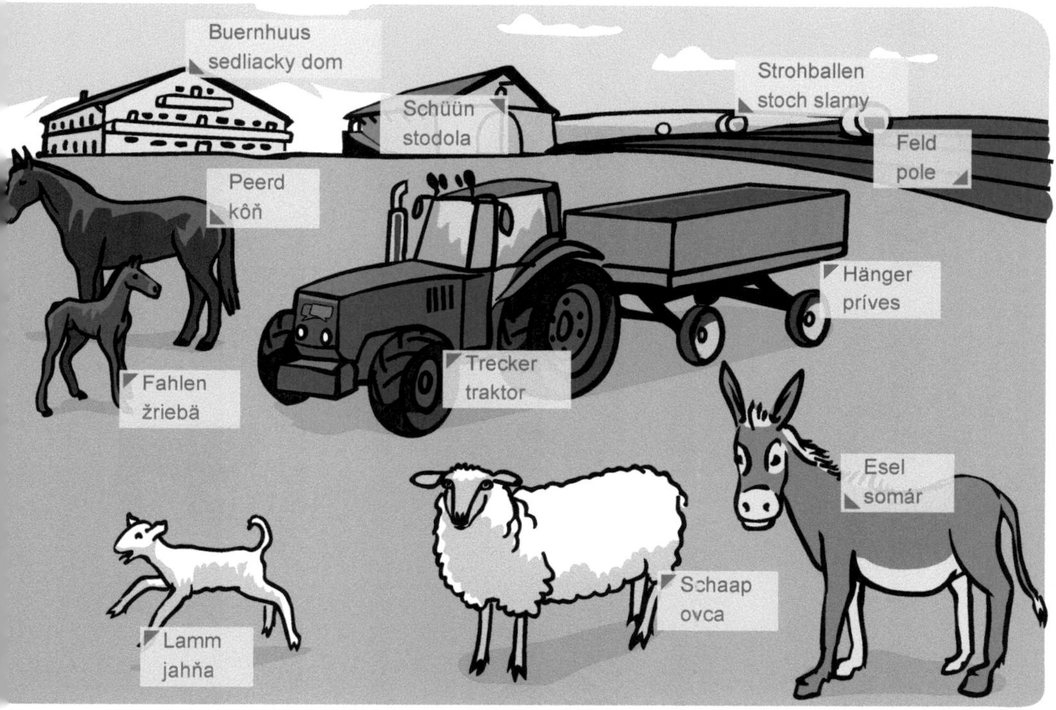
Buernhuus
sedliacky dom
Schüün
stodola
Strohballen
stoch slamy
Feld
pole
Peerd
kôň
Hänger
príves
Trecker
traktor
Fahlen
žriebä
Esel
somár
Schaap
ovca
Lamm
jahňa

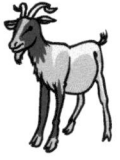

Zeeg

koza

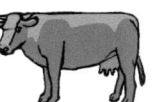

Koh

krava

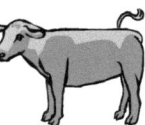

Kalf

teľa

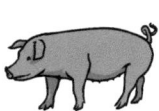

Swien

prasa

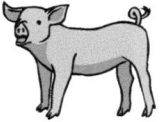

Farken

prasiatko

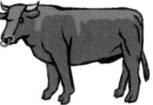

Bull

býk

Goos

hus

Aant

kačica

Küken

kuriatko

Hohn

sliepka

Hahn

kohút

Rott

potkan

Katt

mačka

Muus

myš

Oss

vôl

Hund

pes

Hunnenhütt

psia búda

Goornslauch

záhradná hadica

Geetkann

krhla

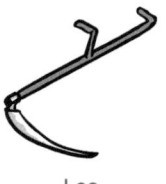

Lee

kosa

Ploog

pluh

Sich

kosák

Hack

motyka

Mestfork

vidly na hnoj

Ext

sekera

Schuufkoor

fúrik

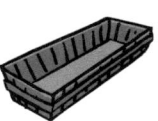

Trog

koryto

Melkkann

kanva na mlieko

Sack

vrece

Tuun

plot

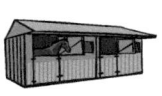

Stall

maštaľ

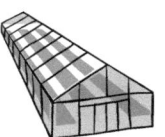

Drievhuus

skleník

Bodden

pôda

Saat

osivo

Dünger

hnojivo

Meihdöscher

kombajn

oornen

žať

Oorn

žatva

Yamswöttel

batát

Weten

pšenica

Soja

sója

Kantüffel

zemiak

Törksche Weten

kukurica

Rapp

repka

Aaftboom

ovocný strom

Troopsch Kantüffel

maniok

Koorn

obilie

Huus
dom

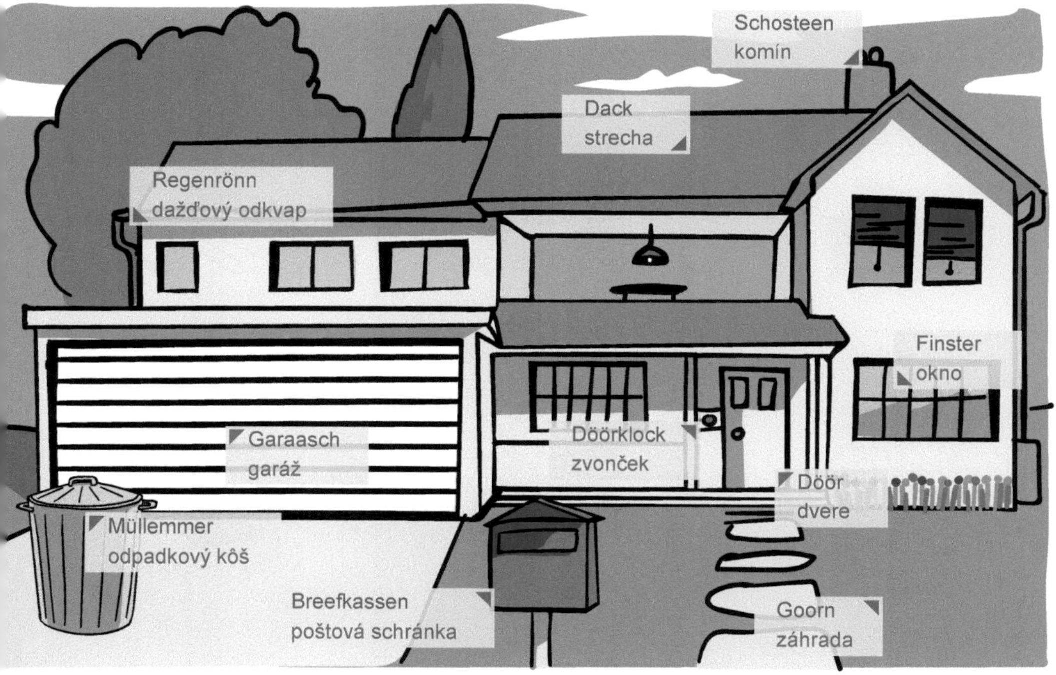
Schosteen
komín
Dack
strecha
Regenrönn
dažďový odkvap
Finster
okno
Garaasch
garáž
Döörklock
zvonček
Döör
dvere
Müllemmer
odpadkový kôš
Breefkassen
poštová schránka
Goorn
záhrada

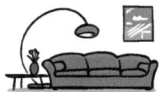

Wahnstuuv

obývačka

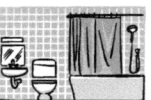

Baadstuuv

kúpeľňa

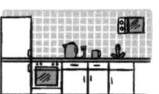

Köök

kuchyňa

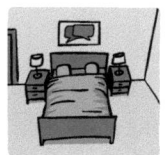

Slaapstuuv

spálňa

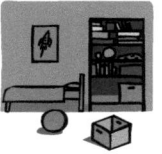

Kinnerstuuv

detská izba

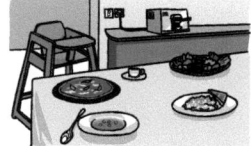

Eetstuuv

jedáleň

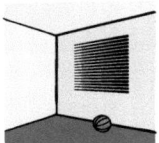

Footbodden

podlaha

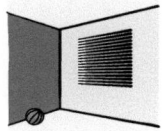

Wand

stena

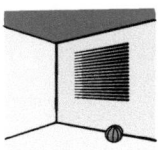

Deek

strop

Keller

pivnica

Hittluftbad

sauna

Balkon

balkón

Terrass

terasa

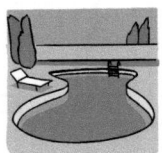

Swümmbad

bazén

Rasenmeiher

kosačka

Bettbetog

obliečka

Bettdeek

posteľná prikrývka

Puuch

posteľ

Bessen

metla

Emmer

vedro

Schalter

vypínač

Wahnstuuv
obývačka

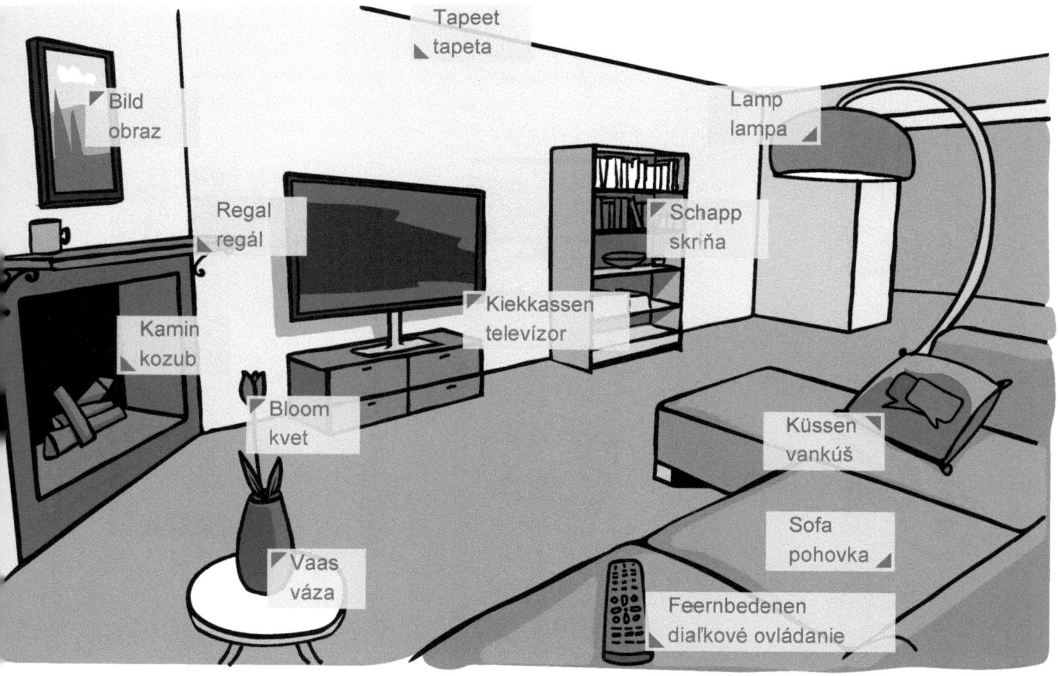

Tapeet
tapeta
Bild
obraz
Lamp
lampa
Regal
regál
Schapp
skriňa
Kiekkassen
televízor
Kamin
kozub
Bloom
kvet
Küssen
vankúš
Sofa
pohovka
Vaas
váza
Feernbedenen
diaľkové ovládanie

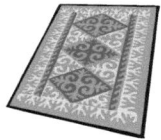

Teppich

koberec

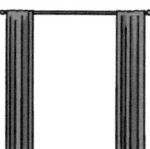

Vörhang

záclona

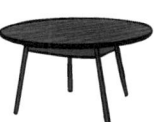

Disch

stôl

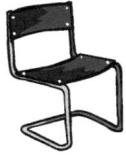

Stohl

stolička

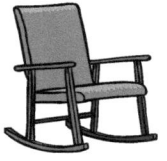

Schuckelstohl

hojdacie kreslo

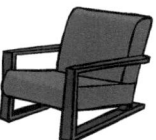

Sessel

kreslo

Book

kniha

Deek

prikrývka

Dekoratschoon

dekorácia

Füerholt

drevo na kúrenie

Film

film

Stereoanlaag

hi-fi veža

Slötel

kľúč

Narichtenblatt

noviny

Gemälde

maľba

Poster

plagát

Radio

rádio

Opschrievblock

zápisník

Huulbessen

vysávač

Kaktus

kaktus

Kars

sviečka

Köök
kuchyňa

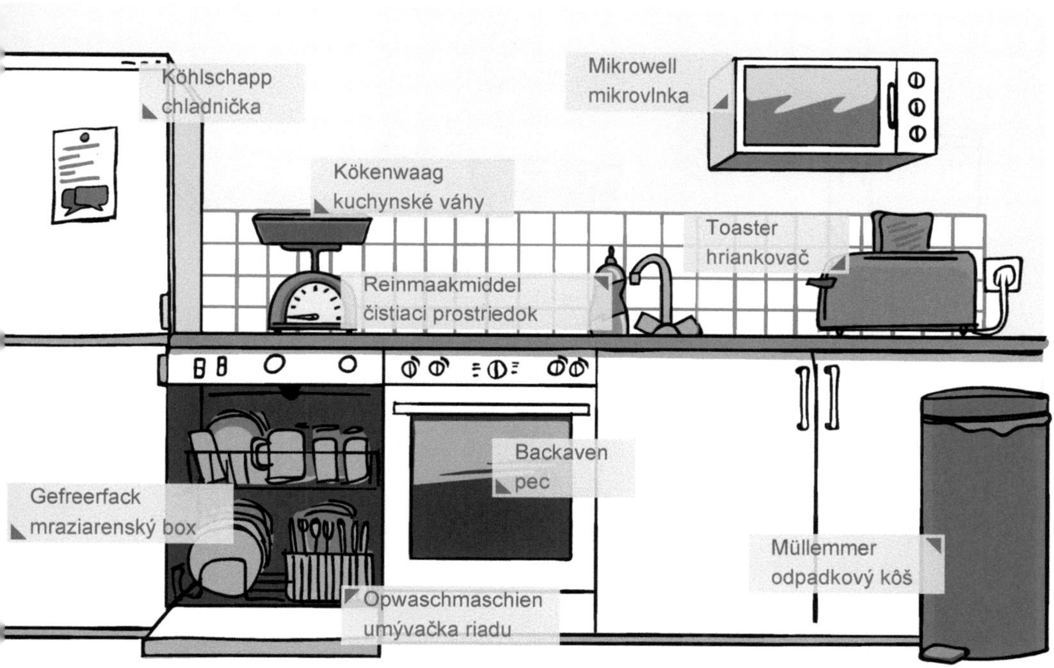

Köhlschapp
chladnička
Mikrowell
mikrovlnka
Kökenwaag
kuchynské váhy
Toaster
hriankovač
Reinmaakmiddel
čistiaci prostriedok
Backaven
pec
Gefreerfack
mraziarenský box
Müllemmer
odpadkový kôš
Opwaschmaschien
umývačka riadu

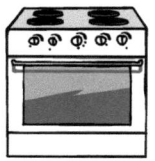

Heerd

sporák

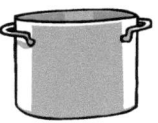

Pott

hrniec

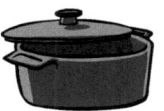

Gussiesern Putt

železný hrniec

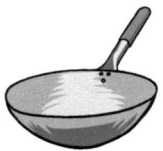

Wok / Kadai

wok / kadai

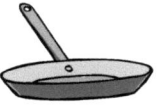

Pann

panvica

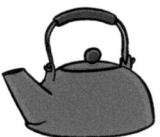

Waterkaker

rýchlovarná kanvica

Dampkaakputt

parný hrniec

Backblick

plech na pečenie

Geschirr

riad

Beker

pohár

Schaal

misa

Eetsticken

paličky

Suppenkell

naberačka na polievku

Pannenwenner

stierka

Sneebessen

metlička

Kaakseef

cedidlo

Seef

sitko

Riev

strúhadlo

Mörser

mažiar

Grill

gril

Füerstell

ohnisko

Sniedbrett

doska na krájanie

Nudelholt

valček na cesto

Proppentrecker

vývrtka

Doos

konzerva

Dosenaapner

otvárač na konzervy

Pottlappen

chňapka

Waschbecken

výlevka

Böst

kefa

Swamm

hubka

Mixer

mixér

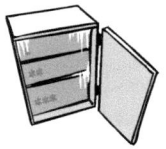

Iesschapp

mraznička

Nuckelbuddel

kojenecká fľaša

Waterhahn

vodovodný kohútik

Baadstuuv
kúpeľňa

Heizung
kúrenie
Bruus
sprcha
Handdook
uterák
Bruusvörhang
sprchový záves
Schuumbad
pena do kúpeľa
Baadwann
vaňa
Glas
pohár
Waschmaschien
práčka
Waterhahn
vodovodný kohútik
Fliesen
dlaždice
lütte Putt
nočník
Waschbecken
výlevka

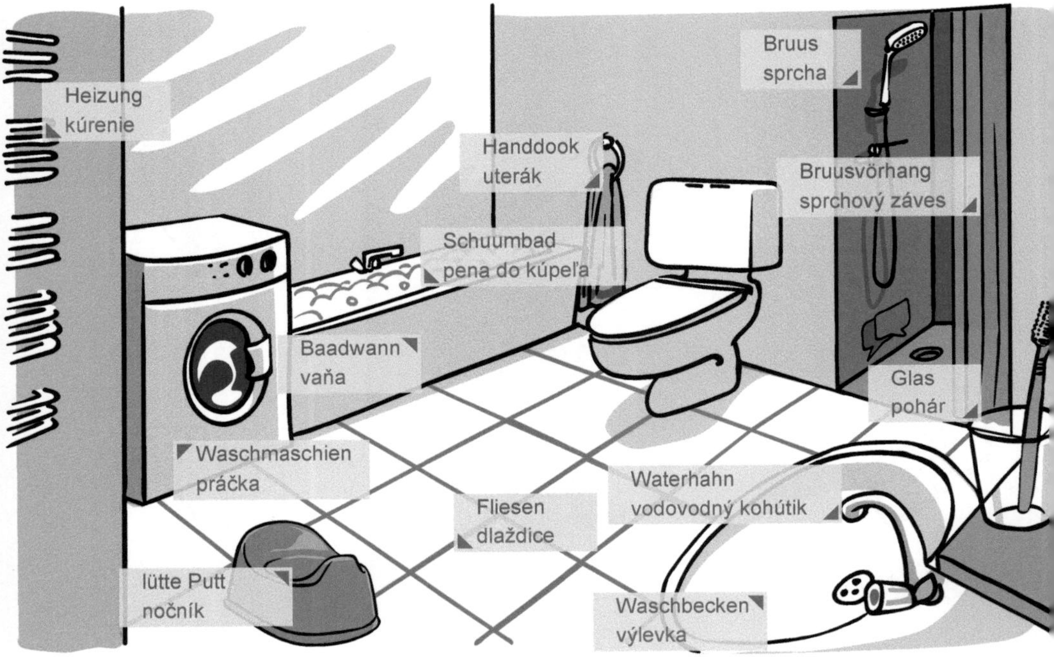

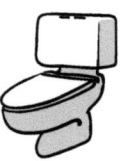

Tante Meier

záchod

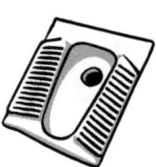

Hockklo

suchý záchod

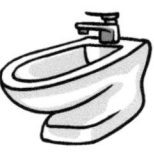

Bidet

bidet

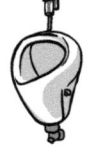

Miegbecken

pisoár

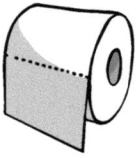

Klopapeer

toaletný papier

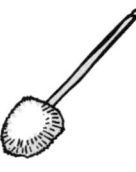

Kloböst

záchodová kefa

		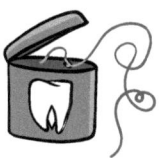
Tähnböst	Tähnpast	Tähnsied
zubná kefka	zubná pasta	dentálna niť
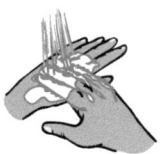		
waschen	Handbruus	Intimbruus
umývať	ručná sprcha	sprcha pre intímnu hygienu

Waschschöttel	Rüchböst	Seep
umývadlo	kefa na chrbát	mydlo

Bruusgeel	Hoorwaschmiddel	Waschlappen
sprchový gél	šampón	frotírová rukavica
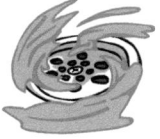		
Afloop	Creme	Deodorant
odtok	krém	dezodorant

Spegel

zrkadlo

Kosmetikspegel

kozmetické zrkadlo

Raserer

žiletka

Raseerschuum

pena na holenie

Raseerwater

voda po holení

Kamm

hrebeň

Böst

kefa

Hoordröger

sušič vlasov

Hoorspray

sprej na vlasy

Smink

make-up

Lippensticken

rúž

Nagellack

lak na nechty

Watt

vata

Nagelscheer

nožnice na nechty

Rüükwater

parfum

Kulturbüdel

kozmetická taška

Schemel

stolček

Waag

váha

Baadmantel

kúpací plášť

Gummihanschen

gumové rukavice

Tampon

tampón

Damenbinn

menštruačná vložka

Chemieklo

chemické WC

Kinnerstuuv

detská izba

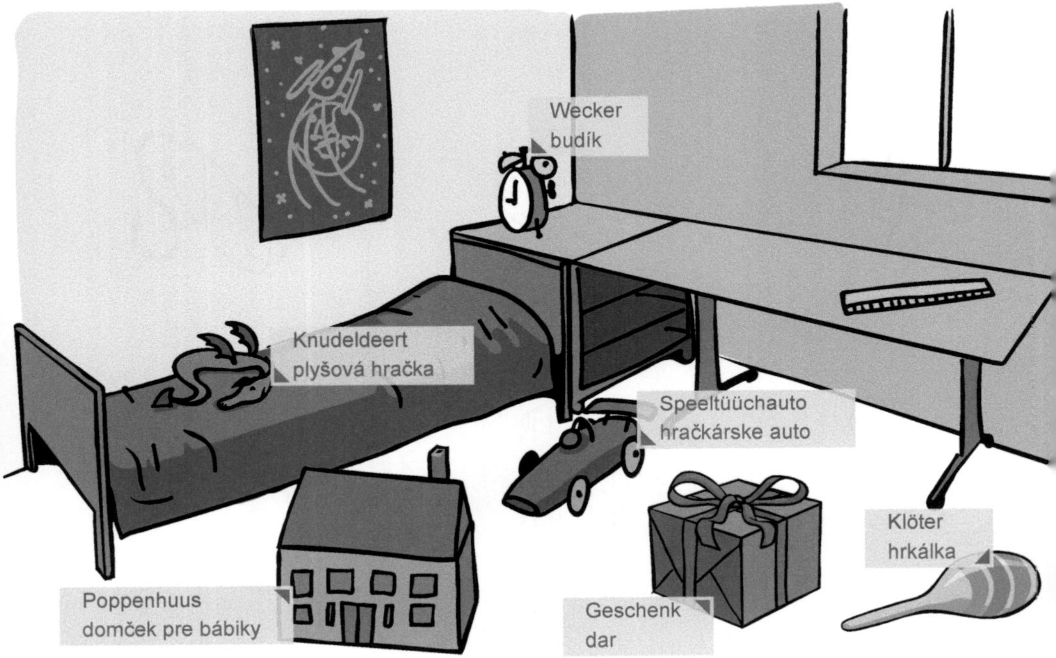

Wecker
budík
Knudeldeert
plyšová hračka
Speeltüüchauto
hračkárske auto
Klöter
hrkálka
Poppenhuus
domček pre bábiky
Geschenk
dar

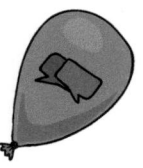

Luftballon

balón

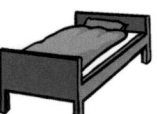

Puuch

posteľ

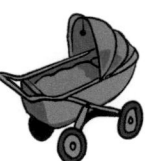

Kinnerwagen

detský kočík

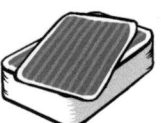

Koortenspeel

karty

Puzzle

puzzle

SUPER
MEGA

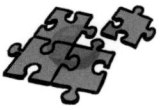

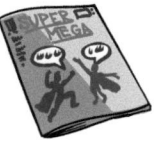

Billergeschicht

komix

Legostenen

skladačka lego

Bustenen

stavebnica

Action-Figur

akčná postavička

Strampelantog

dupačky

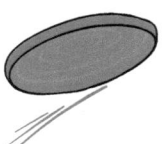

Frisbeeschiev

lietajúci tanier

Mobile

závesné hračky

Brettspeel

stolová hra

Wörpel

kocka

Modelliesenbahn

modelový vláčik

Snuller

cumlík

Party

párty

Billerbook

obrázková kniha

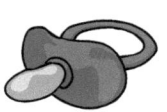

Ball

lopta

Popp

bábika

spelen

hrať sa

Sandkassen

pieskovisko

Schuckel

hojdačka

Speeltüüch

hračky

Speelkonsool

hracia konzola

Dreerad

trojkolka

Teddyboor

medvedík

Klederschapp

šatník

Tüüch

šatstvo

Socken

ponožky

Strümp

pančuchy

Strumpbüx

pančuchové nohavičky

Halsdook
šál

Liefreem
opasok

Paraplü
dáždnik

T-Shirt
tričko

Turnschoh
tenisky

Stevel
čižmy

Puuschen
papuče

Sandalen	Schoh	Gummistevel
sandále	topánky	gumáky
Ünnerbüx	Bostholler	Ünnerhemd
spodky	podprsenka	tielko

Lief

body

Büx

nohavice

Jeansnüx

džínsy

Rock

sukňa

Bluus

blúzka

Hemd

košeľa

Pullover

pulóver

Kapuzenpullover

sveter

Blazer

blejzer

Jack

bunda

Mantel

kabát

Övertrecker

pršiplášť

Kostüm

kostým

Kleed

šaty

Hochtietskleed

svadobné šaty

Antog	Nachtkleed	Slaapantog
oblek	nočná košeľa	pyžamo

Sari	Koppdook	Turban
sari	šatka na hlavu	turban

Burka	Kaftan	Abaya
burka	kaftan	abaja

Baadantog	Baadbüx	Korte Büx
dvojdielne plavky	plavky	šortky

Antog to'n Öven	Schört	Handschoh
teplákova súprava	zástera	rukavice

Knopp

gombík

Brill

okuliare

Armband

náramok

Halskeed

retiazka

Ring

prsteň

Ohrbummel

náušnica

Mütz

čiapka

Klederbögel

vešiak

Hoot

klobúk

Binner

kravata

Rietslüter

zips

Helm

prilba

Drachtband

traky

Schooluniform

školská uniforma

Uniform

uniforma

Severböten
....
podbradník

Snuller
....
cumlík

Winnel
....
plienka

Büro
kancelária

Server
server

Aktenschapp
skriňa na spisy

Drucker
tlačiareň

Papeer
papier

Bildschirm
monitor

Schrievdisch
písací stôl

Muus
myš

Orner
zakladač

Knoopboord
klávesnica

Papeerkorf
kôš na papier

Stohl
stolička

Computer
počítač

Koffiebeker
....
hrnček na kávu

Taschenreekner
....
kalkulačka

Internet
....
internet

Klappreekner

laptop

Breef

list

Naricht

správa

Ackersnacker

mobil

Nettwark

sieť

Kopeerapparat

kopírka

Software

softvér

Klöönkassen

telefón

Steekdoos

elektrická zásuvka

Faxapparat

fax

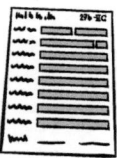

Formulor

formulár

Dokument

doklad

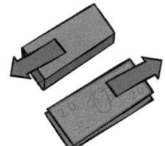

köpen

kúpiť

betahlen

platiť

hanneln

obchodovať

Geld

peniaze

 **USD**

Dollar

dolár

 **EUR**

Euro

euro

 **JPY**

Yen

jen

 **RUB**

Ruvel

rubeľ

 **CHF**

Swiezer Franken

švajčiarsky frank

 **CNY**

Renminbi Yuan

čínsky jüan

 **INR**

Rupie

rupia

Geldautomat

bankomat

Wesselstuuv

zmenáreň

Gold

zlato

Sülver

striebro

Ööl

ropa

Energie

energia

Pries

cena

Verdrag

zmluva

Stüer

daň

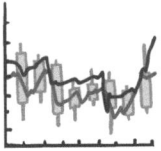

Andeelschien

akcia

arbeiden

pracovať

Anstellte

zamestnanec

Arbeitgever

zamestnávateľ

Fabrik

továreň

Hökerie

obchod

Profeschonen
povolania

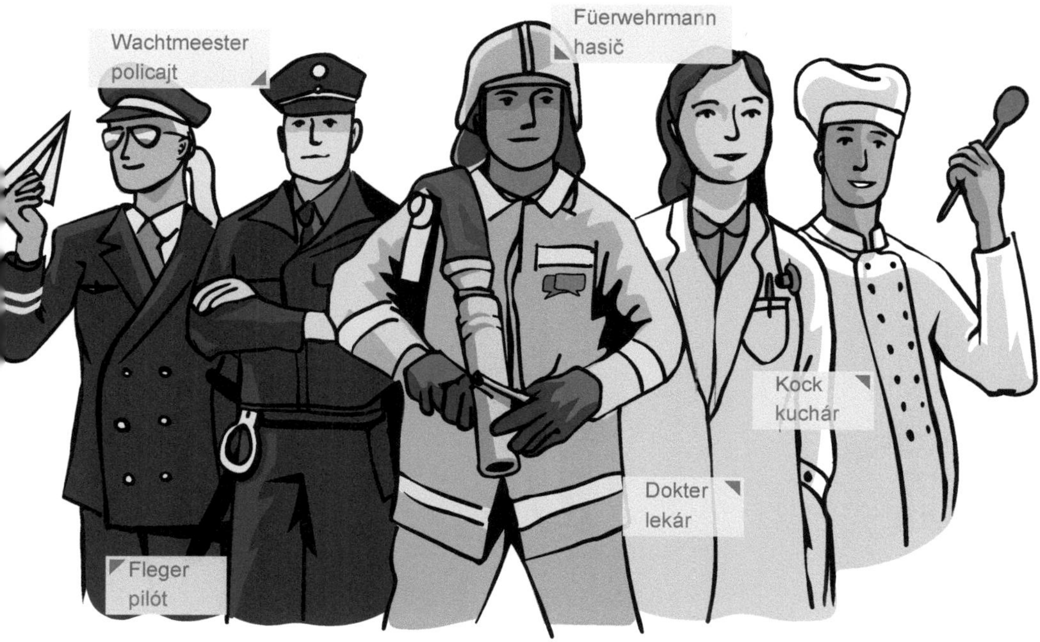

Wachtmeester
policajt
Füerwehrmann
hasič
Kock
kuchár
Dokter
lekár
Fleger
pilót

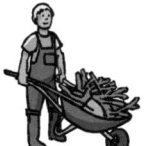

Goorner
záhradník

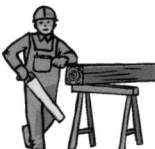

Discher
stolár

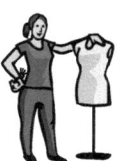

Neihersche
krajčírka

Richter
sudca

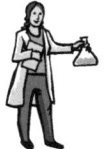

Chemiker
chemik

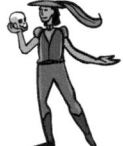

Schauspeler
herec

Busfohrer

vodič autobusu

Taxifohrer

taxikár

Fischer

rybár

Reinmaakfru

upratovačka

Dackdecker

pokrývač

Kellner

čašník

Jäger

poľovník

Maler

maliar

Bäcker

pekár

Elektriker

elektrikár

Buarbeider

stavebný robotník

Ingenieur

inžinier

Slachter

mäsiar

Klempner

klampiar

Postbüdel

poštár

Suldat

vojak

Architekt

architekt

Kasserer

pokladník

Florist

kvetinár

Putzbüdel

kaderník

Schaffner

sprievodca

Mechaniker

mechanik

Kaptein

kapitán

Tähndokter

zubár

Wetenschopler

vedec

Rabbi

rabín

Imam

imám

Mönk

mních

Paap

farár

Warktüüch
náradie

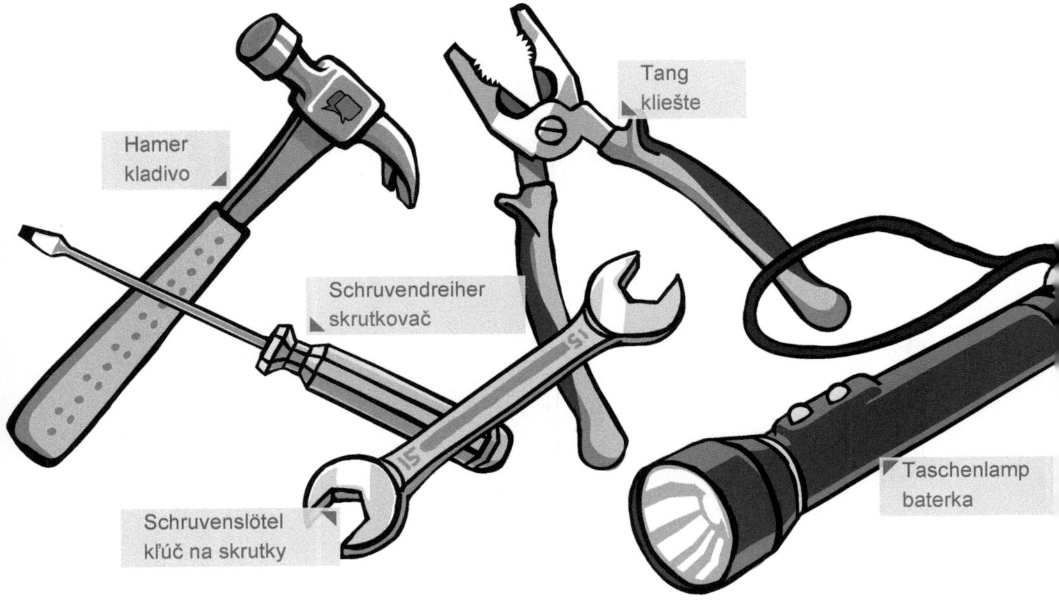
Tang
kliešte
Hamer
kladivo
Schruvendreiher
skrutkovač
Taschenlamp
baterka
Schruvenslötel
kľúč na skrutky

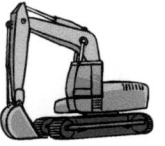

Grieper

bager

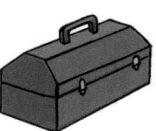

Warktüüchkassen

súprava náradia

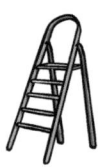

Ledder

rebrík

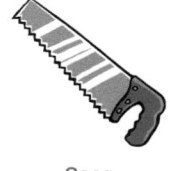

Saag

pílka

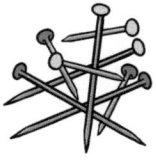

Nagels

klince

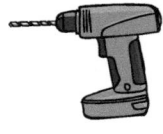

Bohrer

vrták

heelmaken
opraviť

Schüffel
lopata

Schiet!
Do čerta!

Kehrblick
lopatka na smeti

Farvpott
nádoba s farbou

Schruven
skrutky

Musikinstrumenten
hudobné nástroje

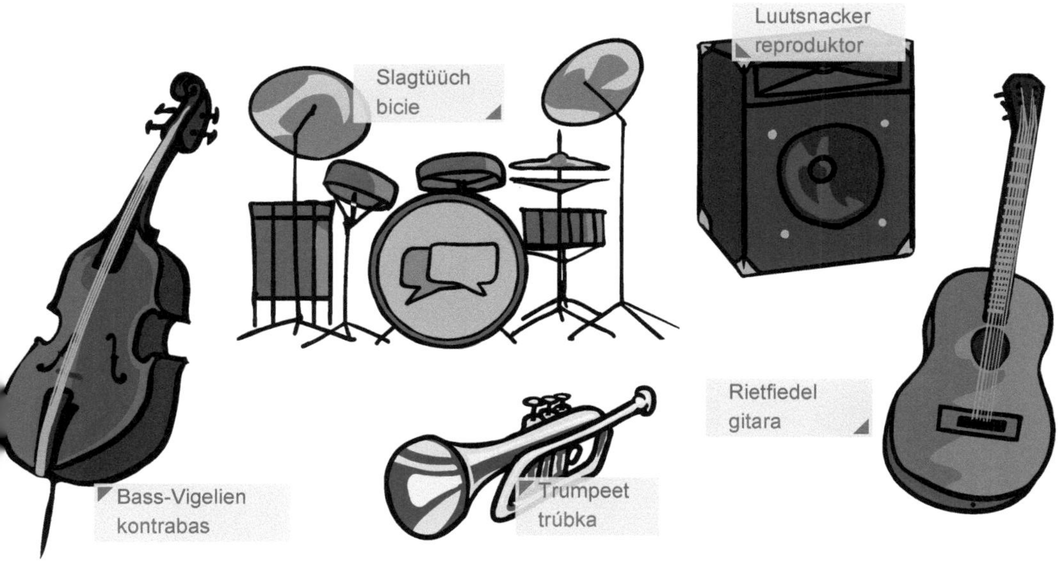

Luutsnacker
reproduktor

Slagtüüch
bicie

Rietfiedel
gitara

Bass-Vigelien
kontrabas

Trumpeet
trúbka

Klaveer

klavír

Vigelien

husle

Bass

basa

Pauk

tympany

Trummeln

bubon

Keyboard

klávesnica

Saxophon

saxofón

Fleut

flauta

Mikrofoon

mikrofón

Deertenpark

ZOO

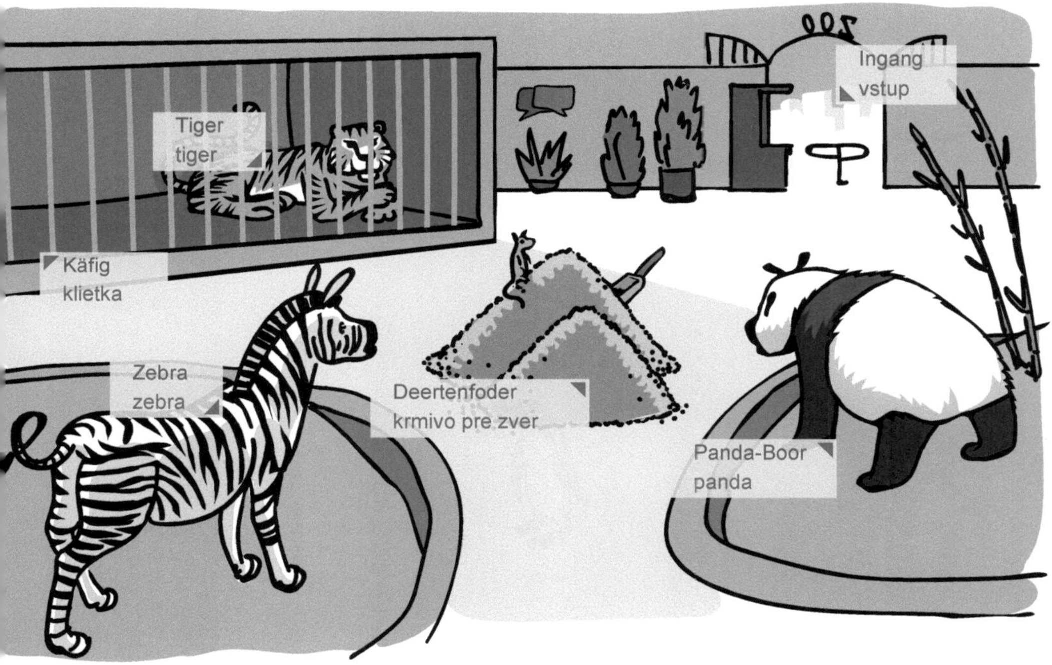

ZOO
Ingang
vstup
Tiger
tiger
Käfig
klietka
Zebra
zebra
Deertenfoder
krmivo pre zver
Panda-Boor
panda

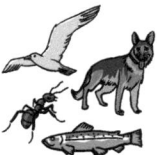

Deerten
zvieratá

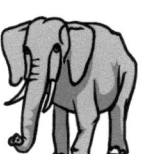

Elefant
slon

Känguru
klokan

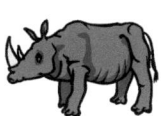

Neeshoorn
nosorožec

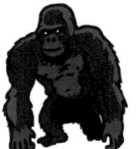

Gorilla
gorila

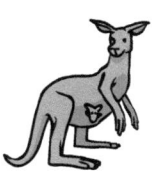

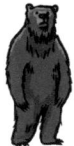

Boor
medveď

Kameel

ťava

Struuß

pštros

Lööv

lev

Aap

opica

Flamingo

plameniak

Papagoi

papagáj

lesboor

ľadový medveď

Pinguin

tučniak

Haifisch

žralok

Pageluun

páv

Slang

had

Krokodil

krokodíl

Oppasser in'n Deertenpark

ošetrovateľ v ZOO

Saalhund

tuleň

Jaguor

jaguár

Pony

poník

Leopard

leopard

Nilpeerd

hroch

Giraff

žirafa

Aadler

orol

Wildswien

diviak

Fisch

ryba

Schildkrööt

korytnačka

Walross

mrož

Voss

líška

Gazell

gazela

Amerikaansch Football
americký futbal

Radfohren
cyklistika

Tennis
tenis

Korfball
basketbal

Swümmen
plávanie

Ieshockey
hokej

Boxen
box

Football
futbal

Fedderball
bedminton

Leichtathletik
ľahká atletika

Handball
hádzaná

Skilopen
lyžovanie

Polo
pólo

Aktivitäten
aktivity

springen
skočiť
ümarmen
objať
lachen
smiať sa
gahn
chodiť
singen
spievať
drömen
snívať
beden
modliť sa
snuteln
pobozkať

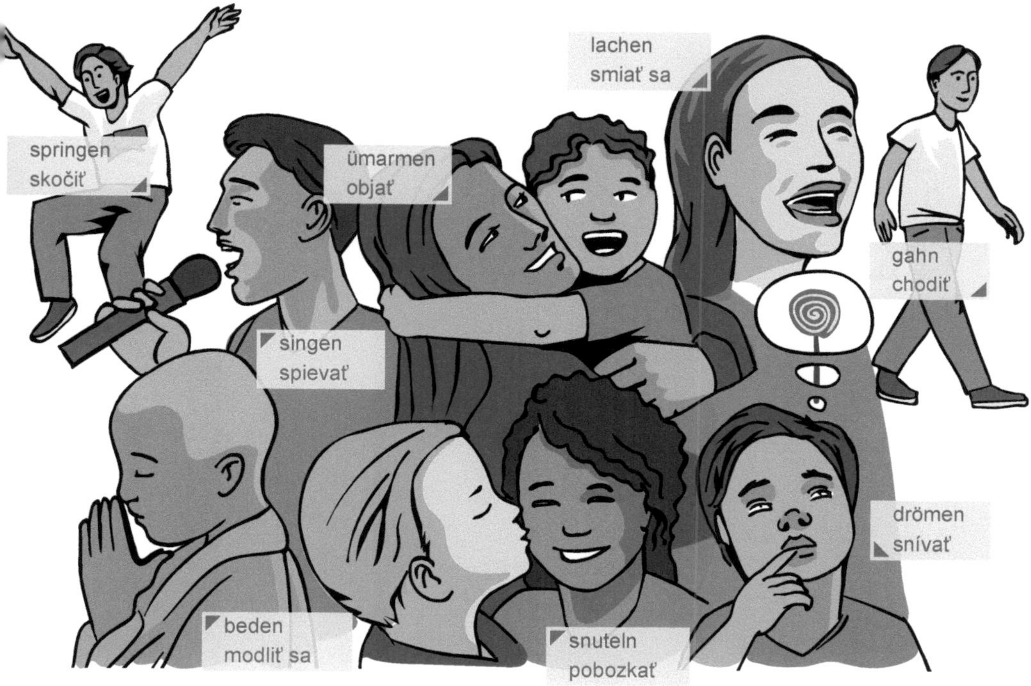

schrieven
písať

teken
kresliť

wiesen
ukázať

drücken
tlačiť

geven
dať

nehmen
brať

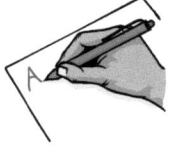

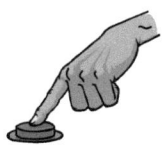

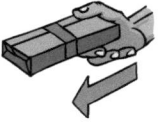

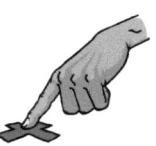

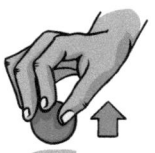

hebben
mať

doon
robiť

sien
byť

stahn
stáť

lopen
bežať

trecken
ťahať

smieten
hádzať

fallen
padnúť

liggen
ležať

töven
čakať

dregen
nosiť

sitten
sedieť

antrecken
obliecť sa

slapen
spať

opwaken
zobudiť sa

ankieken

pozerať

wenen

plakať

eien

hladkať

kämmen

česať

snacken

hovoriť

verstahn

rozumieť

fragen

pýtať sa

hören

počuť

drinken

piť

eten

jesť

oprümen

upratať

leefhebben

milovať

kaken

variť

fohren

jazdiť

flegen

letieť

segeln

plachtiť

reken

počítať

lesen

čítať

lehren

učiť sa

arbeiden

pracovať

de Plünnen tohoopsmieten

oženiť

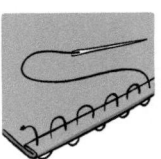

neihen

šiť

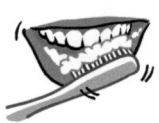

Tähnen putzen

čistiť zuby

dootmaken

zabiť

smöken

fajčiť

schicken

poslať

Familje
rodina

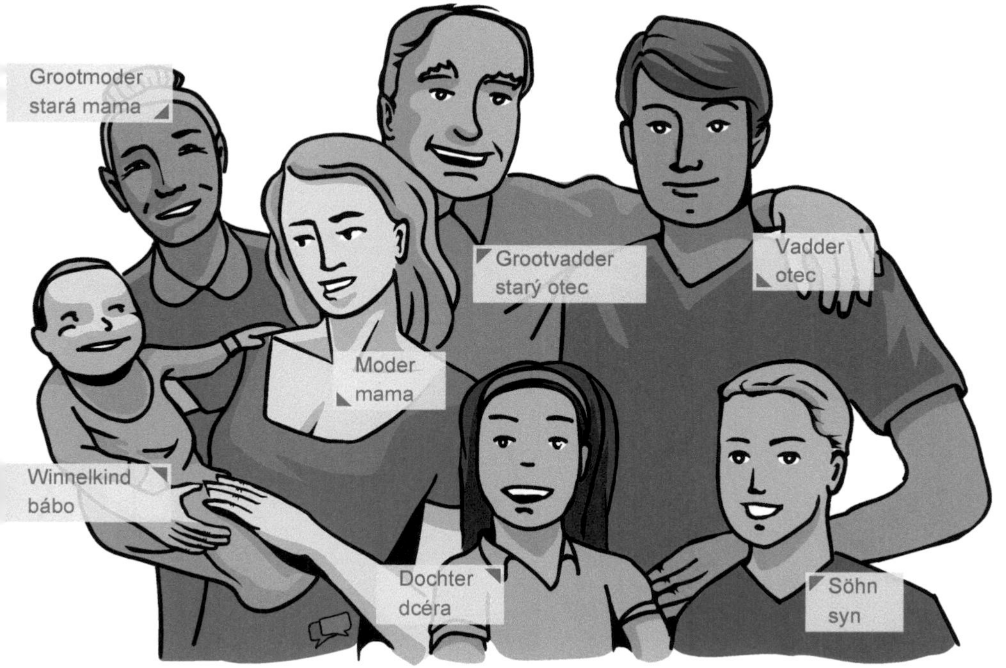
Grootmoder
stará mama
Grootvadder
starý otec
Vadder
otec
Moder
mama
Winnelkind
bábo
Dochter
dcéra
Söhn
syn

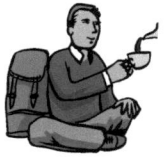

Gast
hosť

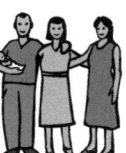

Tant
teta

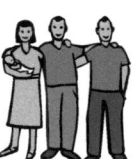

Unkel
strýko

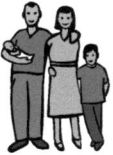

Broder
brat

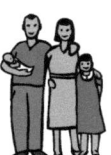

Süster
sestra

Lief

telo

Vörkopp
čelo
Oog
oko
Schuller
plece
Finger
prst
Gesicht
tvár
Kinn
brada
Hand
ruka
Been
noha
Bost
hruď
Arm
rameno

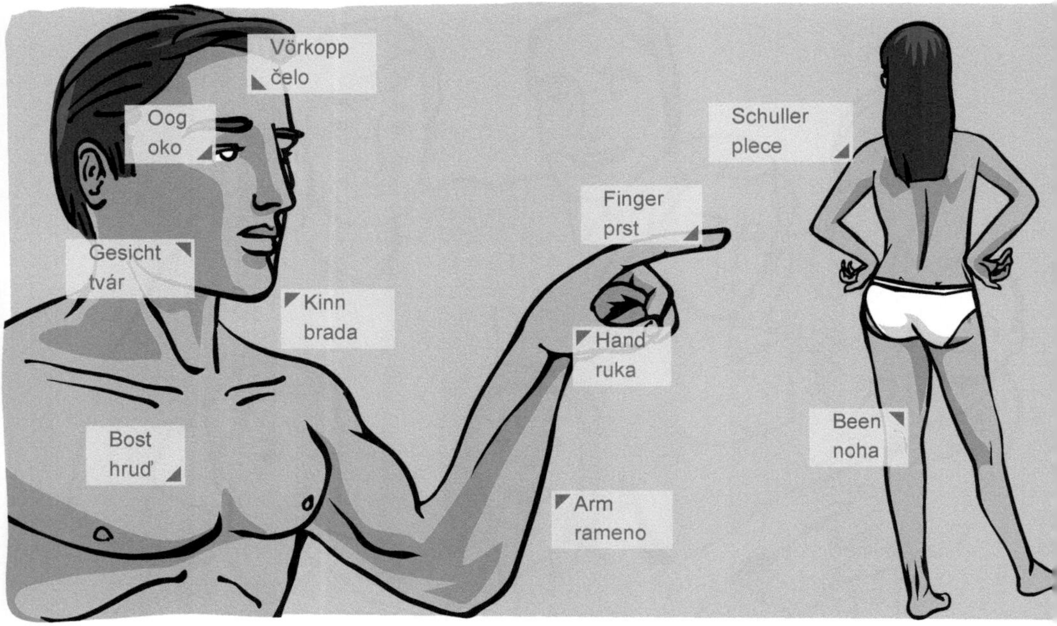

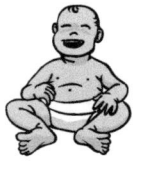

Winnelkind

bábo

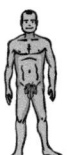

Mann

muž

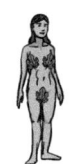

Fro

žena

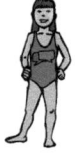

Deern

dievča

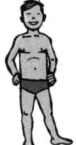

Jung

chlapec

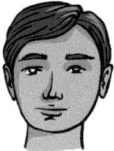

Arm

hlava

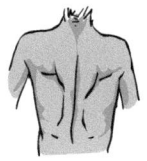

Rüch

chrbát

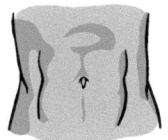

Buuk

brucho

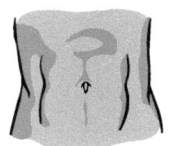

Navel

pupok

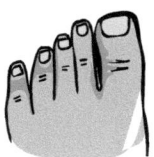

Teh

prst na nohe

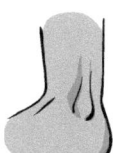

Hack

päta

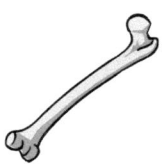

Knaken

kosť

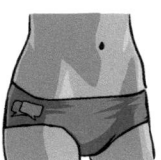

Hüft

bok

Knee

koleno

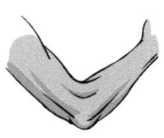

Ellbagen

lakeť

Nees

nos

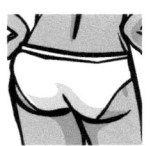

Achtersen

zadok

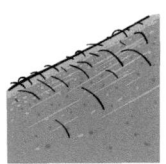

Huut

koža

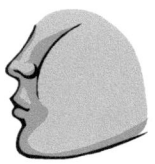

Back

líce

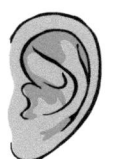

Ohr

ucho

Lipp

pery

Mund

ústa

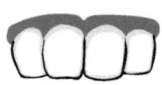

Tähn

zub

Tung

jazyk

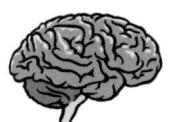

Bregen

mozog

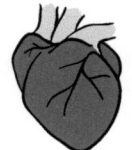

Hart

srdce

Muskel

svaly

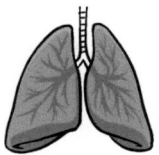

Lung

pľúca

Lever

pečeň

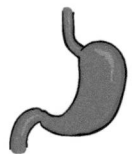

Maag

žalúdok

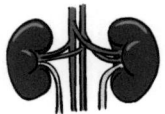

Neren

obličky

Bislaap

pohlavný styk

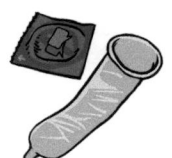

Kondoom

kondóm

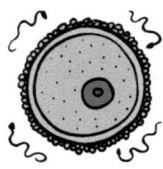

Eizell

vaječná bunka

Sperma

semeno

Anner Ümstänn

tehotenstvo

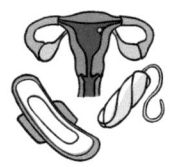

Menstruatschoon

menštruácia

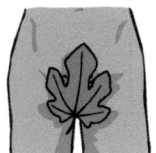

Scheed

vagína

Pint

penis

Ogenbroe

obočie

Hoor

vlasy

Hals

krk

Krankenhuus

nemocnica

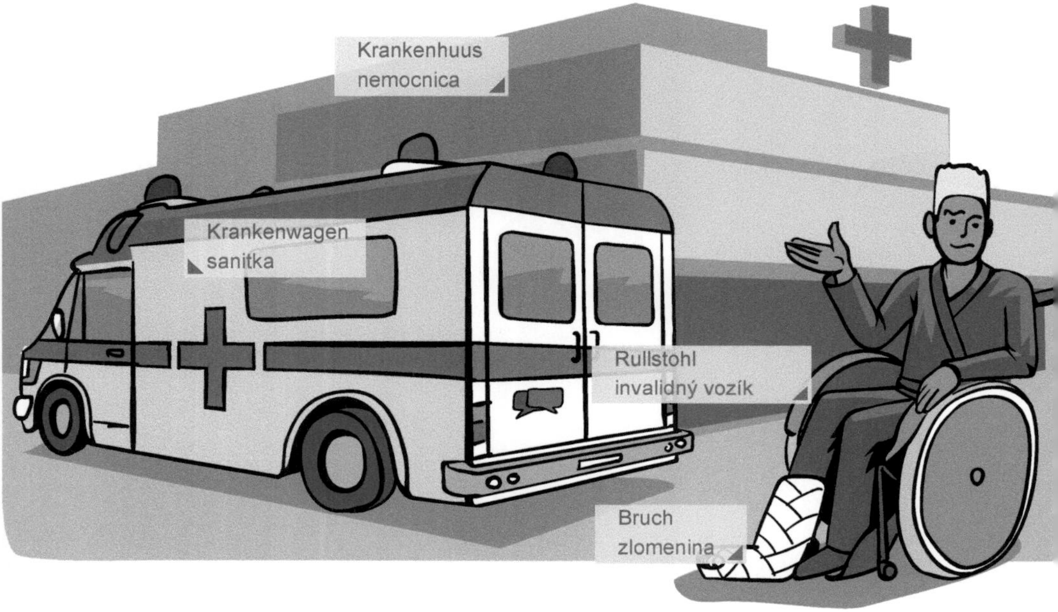

Krankenhuus
nemocnica
Krankenwagen
sanitka
Rullstohl
invalidný vozík
Bruch
zlomenina

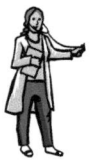

Dokter

lekár

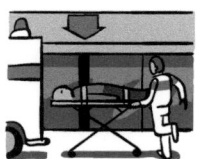

Nootopnahm

urgentný príjem

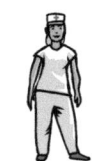

Krankensüster

sestrička

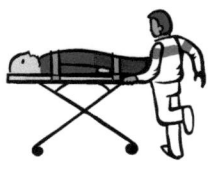

Nootfall

urgentný prípad

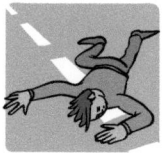

ahnmächtig

v bezvedomí

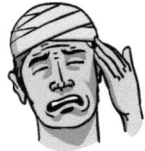

Wehdaag

bolesť

Verwunnen

zranenie

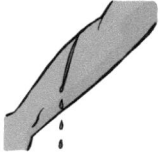

Blöden

krvácanie

Hartinfarkt

srdcový infarkt

Slaganfall

mozgová porážka

Allergie

alergia

Hoosten

kašeľ

Fever

teplota

Gripp

chrípka

Dörchfall

hnačka

Koppwehdaag

bolesť hlavy

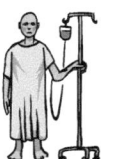

Kreeft

rakovina

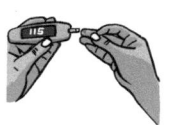

Zuckersüük

cukrovka

Chirurg

chirurg

Chirurgsch Mess

skalpel

Operatschoon

operácia

CT

CT

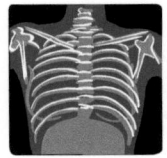

Dörchlüchten

RTG

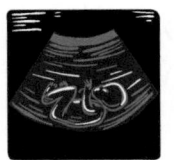

Ultraschall

ultrazvuk

Mask

maska

Krankheit

choroba

Töövruum

čakáreň

Krück

barla

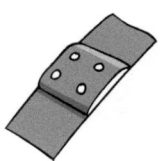

Plaaster

náplasť

Verband

obväz

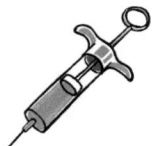

Insprütten

injekcia

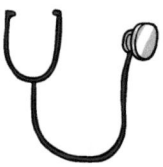

Stethoskop

fonendoskop

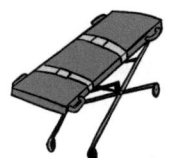

Draag

nosidlá

Feverthermometer

teplomer

Geboort

pôrod

Övergewicht

nadváha

Höörapparat

audiofón

Kiemfriemiddel

dezinfekčný prostriedok

Ansteken

infekcia

Virus

vírus

HIV / AIDS

HIV / AIDS

Heelmiddel

medicína

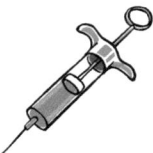

Impen

očkovanie

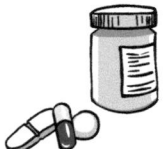

Tabletten

tabletky

Pill

antikoncepčná pilulka

Nootroop

tiesňové volanie

Blootdruck-Meter

tlakomer

krank / gesund

chorý / zdravý

Hölp!

Pomoc!

Alarm

alarm

Överfall

prepad

Angreep

útok

Gefohr

nebezpečenstvo

Nootutgang

núdzový východ

Füer!

Horí!

Füerlöscher

hasičský prístroj

Unfall

nehoda

Noothölpkoffer

kufrík prvej pomoci

SOS

SOS

Polizei

polícia

Europa

Európa

Noordamerika

Severná Amerika

Süüdamerika

Južná Amerika

Afrika

Afrika

Asien

Ázia

Australien

Austrália

Atlantik

Atlantický oceán

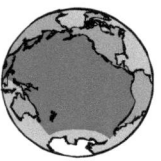

Pazifik

Tichý oceán

Indisch Weltmeer

Indický oceán

Antarktisch Weltmeer

Južný oceán

Arktisch Weltmeer

Severný ľadový oceán

Noordpol

Severný pól

Süüdpol

Južný pól

Antarktis

Antarktída

Eerd

Zem

Land

krajina

See

more

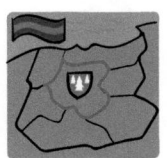

Eiland

ostrov

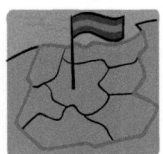

Natschoon

národ

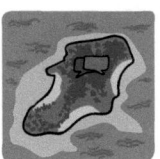

Staat

štát

Tallenblatt

ciferník

Stunnenwieser

hodinová ručička

Minutenwieser

minútová ručička

Sekunnenwieser

sekundová ručička

Wo laat is dat?

Koľko je hodín?

Dag

deň

Tiet

čas

nu

teraz

digetaalsch Klock

digitálne hodiny

Minuut

minúta

Stunn

hodina

Week

týždeň

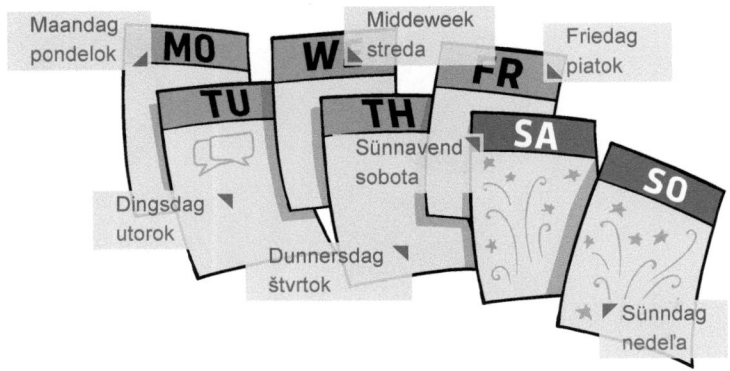

Maandag / pondelok
Dingsdag / utorok
Middeweek / streda
Dunnersdag / štvrtok
Friedag / piatok
Sünnavend / sobota
Sünndag / nedeľa

güstern

včera

hüüt

dnes

morgen

zajtra

Morgen

ráno

Meddag

poludnie

Avend

večer

Arbeitsdaag

pracovné dni

Wekenenn

víkend

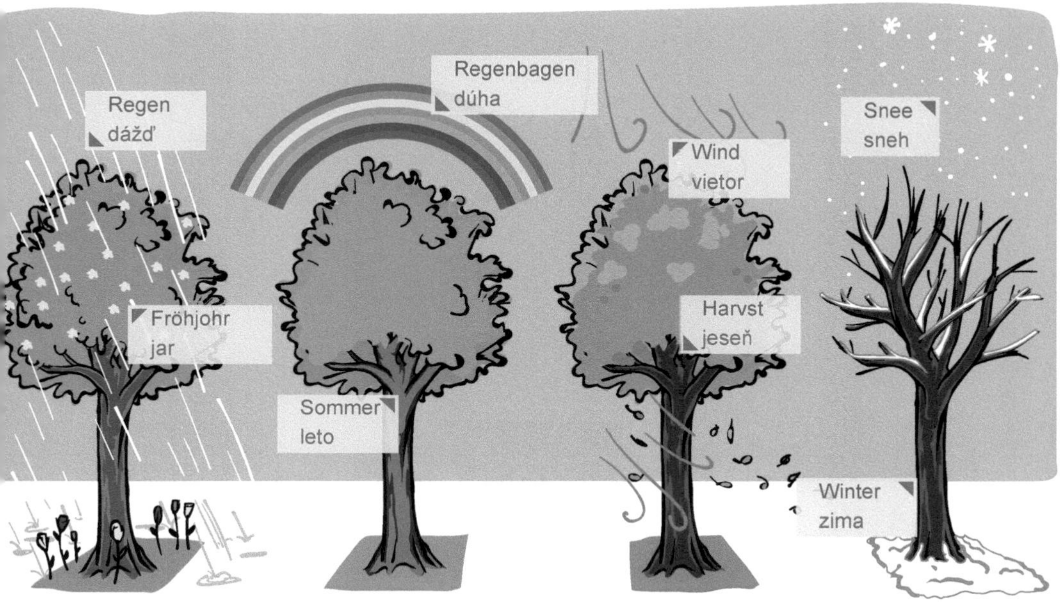

Regen
dážď

Regenbagen
dúha

Wind
vietor

Snee
sneh

Fröhjohr
jar

Harvst
jeseň

Sommer
leto

Winter
zima

Wedervörhersaag

predpoveď počasia

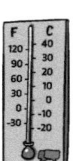

Thermometer

teplomer

Sünnenschien

slnečný svit

Wulk

oblak

Nevel

hmla

Luftfuchtigkeit

vlhkosť vzduchu

Blitz

blesk

Dunner

hrom

Storm

búrka

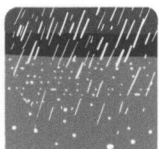

Hagel

krúpy

Monsun

monzún

Floot

záplava

Ies

ľad

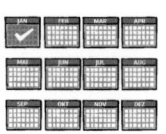

Januormaand

január

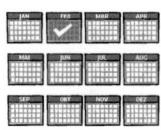

Februormaand

február

Martmaand

marec

Aprilmaand

apríl

Maimaand

máj

Junimaand

jún

Julimaand

júl

Augustmaand

august

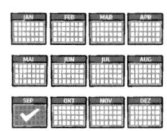

Septembermaand
....
september

Oktobermaand
....
október

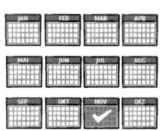

Novembermaand
....
november

Dezembermaand
....
december

Formen
tvary

Krink
....
kruh

Quadrat
....
štvorec

Rechteck
....
obdĺžnik

Dreeeck
....
trojuholník

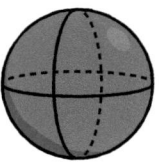

Kugel
....
guľa

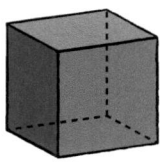

Wörpel
....
kocka

Farven
farby

witt
....
biela

geel
....
žltá

orangsch
....
oranžová

pink
....
ružová

root
....
červená

lila
....
fialová

blau
....
modrá

gröön
....
zelená

bruun
....
hnedá

gries
....
šedá

swart
....
čierna

veel / wenig

veľa / málo

böös / verdreeglich

zúrivý / pokojný

smuck / mies

pekný / škaredý

Begünn / Enn

začiatok / koniec

groot / lütt

veľký / malý

hell / düüster

svetlý / tmavý

Broder / Süster

brat / sestra

schier / schietig

čistý / špinavý

kumpleet / nich kumpleet

úplný / neúplný

Dag / Nacht

deň / noc

doot / lebennig

mŕtvy / živý

breet / small

široký / úzky

geneetbor / nich geneetbor

chutný / nechutný

böös / fründlich

zlostný / láskavý

fickerig / langwielt

vzrušený / unudený

dick / dünn

tlstý / chudý

toeerst / toletzt

prvý / posledný

Fründ / Fiend

priateľ / nepriateľ

vull / leddig

plný / prázdny

hart / week

tvrdý / mäkký

swoor / licht

ťažký / ľahký

Smacht / Döst

hlad / smäd

krank / gesund

chorý / zdravý

nich na't Recht / na't Recht

nelegálny / legálny

klook / dummerhaftig

inteligentný / hlúpy

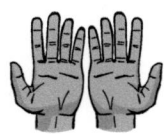

linkerhand / rechterhand

vľavo / vpravo

neeg / feern

blízko / ďaleko

nieg / bruukt

nový / použitý

nix / wat

nič / niečo

oolt / jung

starý / mladý

an / ut

zapnuté / vypnuté

apen / slaten

otvorené / zatvorené

lies / luut

tichý / hlasný

riek / arm

bohatý / chudobný

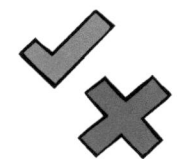

richtig / verkehrt

správne / nesprávne

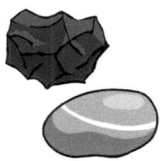

ruug / glatt

drsný / hladký

trurig / glücklich

smutný / šťastný

kort / lang

krátky / dlhý

suutje / flink

pomaly / rýchlo

natt / dröög

mokrý / suchý

warm / köhl

teplý / studený

Krieg / Freden

vojna / mier

0

null

nula

1

een

jeden

2

twee

dva

3

dree

tri

4

veer

štyri

5

fief

päť

6

söss

šesť

7

söven

sedem

8

acht

osem

9

negen

deväť

10

teihn

desať

11

ölven

jedenásť

12

twölf

dvanásť

13

dörteihn

trinásť

14

veerteihn

štrnásť

15

föffteihn

pätnásť

16

sössteihn

šestnásť

17

söventeihn

sedemnásť

18

achtteihn

osemnásť

19

negenteihn

devätnásť

20

twintig

dvadsať

100

hunnert

sto

1.000

dusend

tisíc

1.000.000

million

milión

Engelsch

anglictina

Amerikaansch Engelsch

americká angličtina

Chineesch Mandarin

mandarínska čínština

Hindi

hindčina

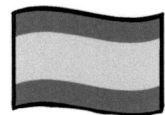

Spaansch

španielčina

Franzöösch

francúzština

Araabsch

arabčina

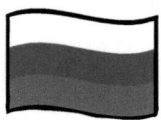

Rusch

ruština

Portugiesch

portugalčina

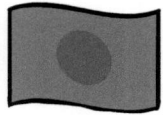

Bengaalsch

bengálčina

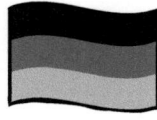

Düütsch

nemčina

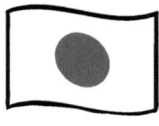

Japaansch

japončina

ik

ja

du

ty

he / se / dat

on/ona/ono

wi

my

ji

vy

se

oni

keen?

kto?

wat?

čo?

woans?

ako?

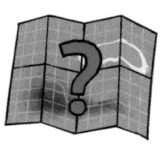

woneem?

kde?

wannehr?

kedy?

Naam

meno

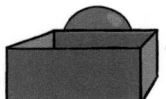

achter

za

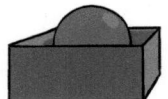

in

v

vör

pred

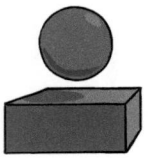

över

nad

op

na

ünner

pod

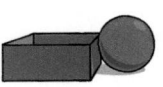

blangen

vedľa

twüschen

medzi

Oort

miesto